AF452087

DISCOVRS PHILOSOPHIC DE LA VRAYE Amitié.

L'amitié est le Soleil & le sel de la vie.

A GENEVE,
Pour PIERRE AVBERT.

M. DC. XXV.

Explication de la Figure qui est en la page precedente.

DEVX mains ie voi qui tienent un aneau
Et d'un rosier le florissant rameau,
Picquant un peu quiconque trop le serre.

C'est le tableau de la vraye amitié,
Ferme, odorante, amie d'equité,
Sacré lien du ciel & de la terre.

L'IM-

L'IMPRIMEVR,

Au Sieur

PIERRE CHERVET

son intime ami, & Com-
pere, SALVT.

ONSIEVR, &
Compere, Ce
petit discours
de l'amitié pure
& parfaite, m'a-
yant esté commis pour le mettre en lumiere par un de nos bós
amis. I'ai consideré que ce seroit
chose convenable à nostre dou-
ce & bonne amitié, provenue
par le choix de personnes pro-

A 2

pres de leur inſtinct naturel à
s'entr'aimer, non par le moyen
d'aucune alliance, ou artifice
humain) de vous dedier le preſent diſcours, qui ne traictant
d'autre ſuiect que de l'amitié,
pourra nous ſervir à l'advenir
de monumét du ſoin que nous
devons avoir de cultiver une
choſe ſi plaiſante & agreable
qu'eſt la pure & ſincere amitié
de perſonnes nourries en l'E-
gliſe de Dieu. Recevez donc de
bon cœur ceſt amiable preſent,
& y liſez, & y profitant aurez tát
plus d'occaſion d'aimer celui
qui vous aime, & qui ſe dit iuſques à la fin de ſes iours,

A Geneve, Ce I. *May,* M· DC· XXV.

Voſtre entier & intime ami, & Compere,
PIERRE AVBERT.

DISCOVRS
DE L'AMITIE'.

I. **I**E ne pense pas que le Proverbe commun, *Que la Courtoisie fait des amis, & la vertu engendre haine*, doive estre preferé à la Sentence du Sage, *Que meilleures sont les battures de l'ami, que les caresses du flatteur.* Desirez vous sçauoir l'intention du Seigneur? Aimez-le, & soyez aimé de lui. Si vous vouliez conoistre la pensee d'un homme, à vous inconu, l'on se mocque de vous, comme de quelque impudent. Nul n'est ami de Dieu, sinon celui lequel vit sainctement devant les yeux d'icelui. La reigle de parfaite amitié porte que nous aimions d'auantage ce qui est le plus aimable, & moins ce qui ne l'est pas tant. Voyez vous une personne sage, aimez-la plus qu'une

vaine & indiscrette. N'aimez l'impru-
dent, entant que tel, mais capable de
devenir mieux advisé. N'aimez point
vos imperfections, car ce defaut vous
clorroit la porte du Temple de Sagesse.
Iamais vous ne serez ce que desirez estre,
si vous ne haïssez vostre naturel. Ne re-
fusez d'estre ami de qui desire l'estre,
non pour le receuoir promptement en
amitié, mais pour desirer qu'il y entre,
& le manier de telle sorte qu'il s'en ren-
de capable. Car il ne faut recevoir personne en ce rang d'ami que celui à qui
nous pouuons descouurir nos pensees.
Quiconque nous supporte n'est pas tousiours ami, ne quiconque nous tance ne
doit estre prins pour ennemi. Mieux
vaut aimer severement, que decevoir
gracieusement. Les amis flatteurs per-
vertissent : les ennemis debatteurs
avertissent. En mesfait n'y a point d'a-
mitié. La preuve d'amitié consiste au
soulagement de l'ami en adversité. L'a-
mi se conoit au besoin. Nous portons
alaigrement les fardeaux des personnes
ausquelles nous desirons beaucoup de
bien.

2.   Il

2. Il y a une amitié mauvaise indigne du beau nom d'amitié : pource qu'elle procede de mauvaise conscience. On oit dire qu'il y a des câbrades de voleurs, & d'autres meschans, qui s'appellent amis & associez : mais en mauvaise conscince. Laissons ces amis ennemis, pour dire un mot de l'amitié temporelle, qui se traitte entre inquilins, voisins, voyagers. Si l'un s'eslongne de demeurance, s'arreste, ou s'achemine autrepart, l'autre s'en fasche. Ils se plaisent en hantise & mesme chemin, table & couche. Telle amitié vient d'accoustumance, & non tousiours de jugement. Car elle se trouve aussi entre les bestes. Il y a une amitié procedante du discours de raison, digne du nom de vraye, quand un homme aime l'autre en foi & charité, voire tellement en la vie presente, qu'il regarde à l'eternelle, aimant son prochain, non tant pour l'amour de lui, que pour l'amour de Dieu, leur Pere, en qui il l'aime & garde. Vous ne devez pas aimer vostre ami, pource qu'il vous donne, preste, ou accommode en quelque autre sorte. Ce seroit aimer la chose

A iiij

dont vous estes accommodé, non celui qui la vous baille. Il faut aimer l'ami, pour l'amour de Dieu, sans esgard à autre chose quelconque. Au reste, si le lien de vraye amitié vous estreind si fermement à la personne que vous aimez en Dieu, selon les reigles de sa saincte volonté, que vous aimez ceste personne-la gratuitemét, sans attendre de vostre amitié mutuelle qu'amitié: combien devez vous aimer Dieu, qui vous aime tant, & qui vous requiert que vous l'aimiez de tout vostre cœur, de toute vostre ame, sens & entendement, & pour l'amour de lui vostre prochain comme vous mesme? Certainement il n'y a ami plus digne d'estre aimé, ni plus aimable & amiable, que Dieu.

3.   L'amitié Chrestienne est honneste, non avare, ni ambitieuse, ni dissolue. Telle fut l'amitié de Ionathan & d'Abimelec Sacrificateur envers David. L'amitié n'est pas honneste, si pour gratifier à l'ami, l'on viole la charité envers Dieu, & la Patrie. Il ne faut pas qu'un ami complaise à l'impieté, ni trahisse l'innocence, en faveur de son ami. Si vous des-

cou-

couvrez en voſtre ami quelque vice in-
ſupportable, reprenez-le amiablemēt &
gravement, ſeul à ſeul. S'il vous meſpri-
ſe, ne ſoyez pas fauteur de ſes fautes;
mais procedez y plus fermement, ſelon
la doctrine du Seigneur: *Matth* 18. *v*. 15.
16. 17. Il ne faut que les amitiez traict-
tees en terre nous ſeparent de l'amitié
de Dieu : moins encores que pour demeurer amis & freres, nous devenions
ennemis du Pere Celeſte, & conſpirions
contre l'honneur d'icelui. Or convient-
il que l'honneſte amitié ſoit conſtante
& perſeverante, non vagabonde, curieu-
ſe, & touſiours en queſte. Ouvrez voſtre
poictrine à l'ami fidele, & cueillez de
ceſte rare plante le plaiſir & ſoulas qui
en procede. I'appelle un fidele ami
l'antidote de la vie, & le delicieux repas
d'immortalité. Deferez autant d'honneur à voſtre ami qu'à voſtre pareil, &
n'ayez honte de le prevenir, & lui teſ-
moigner voſtre bien-vueillāce. L'amitié
Chreſtienne ne ſçait que c'eſt d'orgueil,
ni d'ambition. Un Sage ancien dit, Ad-
herez à voſtre ami en adverſité, afin
qu'ayez part à ſon heritage : car pau-

vreté n'est pas tousiours à mespriser, ni le fol riche à priser & amadoüer. N'ayez honte de le defendre, & ne vous en cachez point. S'il vous vient mal de sa part, quiconque en orra parler, se gardera de lui.

4. Entre amis les serieux avertissements sont bons & necessaires, & le plus du temps meilleurs que la dissimulation. Encore que vostre ami cuide par fois que vous devez l'espargner, ne cessez de procurer sa guerison. S'il orie, repliquez que les medicaments aux vices ne sont palliatifs, ni charlatanesques, moins encores venimeux & pestiferes. A ce propos le Sage disoit, *Prou. 27. v. 5. & 6.* que correction secrette vaut mieux qu'amour manifeste: & que les playes faites par celui qui aime, sont plus supportables, que les baisers du flatteur. Il faut doncques tanser l'ami qui s'esgare, & n'abãdonner point l'innocent. On dit qu'adversité, desfaveur & querelle sont trois essais pour sonder un ami. Le fidele ami patiente, supporte, console, conseille, garantit son ami affligé. S'il s'enveloppe trop orgueilleusement en des dif-

ficul-

ficultez, il s'en retire par graves exhor-
tations à prudence pour l'avenir. Mais il
se garde bien d'adiouster affliction à
l'affligé, comme faisoyent les amis de
Iob, lequel les censure sagement de leur
bienvueillance insolente, leur disant *au*
19. *chap. v.* 21. 22. Ayez pitié, ayez pitié
de moi mes amis : car la main de Dieu
m'a frappé. Pourquoi me persecutez
vous, comme le Dieu fort, & ne vous
saoulez de ma chair? Il leur apprend que
c'estoyent amis ennemis, veu qu'en lieu
d'auoir compassion de leur ami, qu'ils
voyoyent abatu de la main du Tout-
puissant, en lieu de l'en tirer par hum-
bles supplications, ou l'accourager à pa-
tience, & le redresser par fermes conso-
lations, ils s'amusoyent à des discours
mal accommodez, & ne faisoyent que
redoubler les afflictions de l'affligé.

5. C'est chose plaisâte & souhaitable
de uoir ensemble en concorde amiable,
freres unis s'entretenir. *Pf.* 133. 1. Il n'y a
rien de beau en la vie humaine, quand
la discorde y domine. Le Chrestien se
sent en esprit aussi soulagé, se voyant en
estat paisible avec ses freres en Christ,

comme celui qui fortiroit d'un cachot obfcur, où il auroit croupi fort long temps, fans voir Soleil, ni Lune, ni lumiere aucune artificielle, ou naturelle, pour entrer en un riche palais, en beau jardin, pour y habiter avec fes freres, & bons amis. Quel contentement lui feroit-ce de fe trouver avec gens fages aufquels il peut feurement commettre les fecrets de fon cœur, qui s'efgayaffent de fa profperité, autāt qu'ils fe feroyent lamétez de fon adverfité, qui le muniroyent de bons avis, pour la conduite du refte de fa vie? Quel plaifir fut-ce aux trois amis & compagnons de Daniel, d'eftre fi courageux & refolus, qu'ils parurent en leur Refponfe au grand Roi de Babylon, & en tout ce qui s'en enfuivit? Le feu de leur ardente & celefte amitié fut un feu fi fort, qu'il amortit le feu de la fournaife efpouvantable de ce Prince. La conftante amitié des martyrs anciēs & modernes, depuis ceux la, feroit un livre entier des merveilles du v ai Dieu, qui diftinct en trois perfonn s, n'eft qu'un, s'appelle Charité, l'eft, & fe fait fentir tel infiniment à tous ceux

qu'il

qu'il aime en Iesus Christ, patron &
exemplaire de parfaite amitié. Pour
estre fideles amis les uns aux autres, nos
amitiez doivent estre fondees en nostre
Sauveur. Si la teste est separee du corps,
les pieds & les mains ne peuvent plus
s'entr'aider.

6. Le fruict de l'amitié, n'est pas que
pour complaire à l'ami vous soyez ennemi de Dieu, & traistre à sa verité.
Les apostats & profanes s'abusent,
qui cuident faire des amis, en renon-
çant la vraye Religion. La vraye a-
mitié est la gardienne de pieté, & la
maistresse d'esgalité. Les amis ne se sont
petis ni grands, ains sont de juste pro-
portion. Par fois l'inferieur parle haut,
& le superieur l'escoute. Ces degrez ne
prejudicient point à verité, superinten-
dante & tutrice d'amitié. Que l'ami
admonneste & tance, non par vantance,
ains par abondance de sincere affection.
Ses avis soyent gratieux, ses reprehen-
sions douces. Il faut voirement que l'a-
mitié soit exempte de flatterie, & d'ou-
trageuse braverie aussi. Qu'est l'ami autre chose qu'un compagnon d'amitié,
du cœur duquel & du vostre vous faites

un cœur, à qui vous baillez en garde
vos penfees, fans crainte, fans maligne &
honteufe affection. Car l'amitié n'eſt
pas une cabateriere & buiſſonniere;
c'eſt une Princeſſe majeſtueuſe, & plei-
ne de graces. Ce don celeſte ne s'ac-
quiert point par argent, mais par devoirs
reciproques de bien-vueillance. Par fois
l'amitié que les pauvres s'entreportent
eſt plus ferme que celle des riches, leſ-
quels bien ſouvent ſe trouvent ſans
amis, dont les pauvres abondent. A vrai
dire, l'amitié giſt mal-aſſeurce és Palais
de flatterie vaine & decevante; Combien faut-il de reverences, de ſoumiſ-
ſions, de complimen, je ne di pas à des
Princes, & grands Seigneurs, mais à des
hobereaux, champignons & excremens
de la terre? Les pauvres n'ont beſoin de
prefaces, de bonnetades, ni de parlerie:
mais de la beneficence actuelle de l'a-
mi. Il n'y a point d'envie à telles amitiez.
Les mondains s'en retirent. Les Chreſtiens s'en aprochent, & en font gloire.

7. Le Seigneur Ieſus dit à ſes diſci-
ples : faites vous des amis du mammon,
ou gain inique: afin que quand vous de-
fau-

faudrez, ils vous reçoivent és tabernacles eternels. *Luc 16. v. 9.* Ce mesme Seigneur nostre Dieu, dit ailleurs aux mesmes, Vous serez mes amis, si vous faites
tout ce que je vous commande. Ie ne
vous appelle plus serviteurs; car le serviteur ne sçait que son maistre fait; mais je
vous ai nommé mes amis, pourautant
que je vous ai fait conoistre tout ce que
j'ai ouï de mon Pere. *Iean 15. v. 14. &c.*
Un vrai ami ne cele rien à son ami.
Comme Iesus avoit versé les secrets de
Dieu son Pere dás les oreilles de ses disciples, il espádoit aussi son cœur és cœurs
d'iceux. Or qui obeit à Iesus, il est de ses
amis, & se sent honoré par luide ce beau
nom. Les bons amis sont unanimes, d'un
mesme courage entr'eux : & n'y a homme si detestable au monde, que le traistre qui viole l'amitié. C'est ce que nostre Seigneur condamne en Iudas, comme on peut le recueillir des paroles de
David, sa figure, *au Ps. 55. v. 13. & 14.* Nous
n'avons gueres occasion de craindre
ceux qui ne sçavent rien de nos secrets :
mais malaisement nous garentissons
nous de la trahison de nos familiers.

Chrift n'appelle point Iudas fon fervi-
teeur, ni fon Apoftre, mais fon ami, gou-
verneur, & familier, auquel il communi-
quoit fes fecrets. Mais ce larron, ce trai-
ftre, paravant nommé diable par fon
maiftre, fe trahiffoit foi-mefme, voire fe
livroit à Satan, livrant fon ami aux ennemis. Dieu fit grace aux trois Princes,
qui avoyent fi rudement traitté Iob, par
l'entremife d'icelui, voulant que leurs
fautes fuffent couvertes, fous le fuffrage
& l'interceffion de leur ami.

8. Nous lifons en l'Hiftoire du
grand Patriarche Abraham, l'ami de
Dieu, beaucoup de beaux enfeignemens
de l'amitié, avec diverfes perfonnes.
Item en l'Hiftoire de Moyfe, de Sa-
muel, & de David. Tout eft parfait en
celle de Iefus Chrift, de qui & à qui tous
Chreftiens peuvent dire, Tu n'es qu'a-
mour; ta defcente en la terre, & ta mon-
tee au ciel le monftre affez. Sainct Paul
en propofe quatre reigles aux anciens
Romains, au 12. ch. de la Lettre qu'il leur
efcrit. 1   Il faut que l'amitié foit pure
& fans feintife, ennemie de vice, amie de
vertu, & que les amis previenent l'un
                    l'autre

l'autre par honneur, foyent prompts à
faire fervice, courageux à s'entr'aimer, &
n'ayent autre but que la gloire de Dieu.
2. Que l'amitié foit joyeufe en efpe-
rance, patiente en adverfité, perfeveran-
te en priere, charitable, & prouvoyante
aux neceffités des Saincts.   3. Qu'elle
prie Dieu, pour la converfion des perfe-
cuteurs, s'efiouiffe avec les joyeux,
pleure avec les triftes: que les amis ayent
mefme fentiment, n'affectent point chofes hautes, ains s'accommodent aux baf-
fes : ne foyent fages en eux-mefmes : ne
rendent à perfonne mal pour mal, ains
procurent chofes honneftes devant
tous hommes.   4. Qu'autant que faire fe pourra ils ayent paix avec tous hommes. Ne fe vengent point eux mefmes,
mais donnent lieu à l'ire, laiffans la ven-
geance à Dieu, Sage, Iufte, & Tout-
puiffant: brief, qu'en lieu d'eftre furmon-
tez du mal, ils furmontent le mal par le
bien. S. Paul propofe à Timothee, fur
tout au 2. ch. de fa 2. plufieurs belles reigles, le mefpris defquelles a engendré les
fchifmes & faux fentiments, qui ont
ruiné maintes Eglifes.

C

9.   Aimez vos prochains , mais n'aimez pas leurs fautes. Il y a grande diffé-
rence entre aimer l'œuvre de Dieu , &
hayr l'œuvre de Satan , & de l'homme vicieux.   Le Chreſtien , qui aime la Loi de Dieu , prouve aſſez qu'il
ne hait pas les hommes, mais les meſ-
chancetez qu'ils commettent contre la
loi de Dieu. Il y a une amitié ennemie,
par laquelle nous aimons ce qu'il ne faut
pas aimer Le Chreſtien, qui aime Dieu,
lequel lui fait aimer ce qui eſt aimable,
hait en ſoi meſme ceſte amitié ennemie, dont je vien de parler. Ces deux af-
fections peuvent ſe rencontrer en une
meſme perſonne, & cela lui eſt bon: afin
que l'affection qui l'induit à bien-vivre
croiſſe de bien en mieux, & que l'autre,
ſollicitant à mal, decroiſſe; juſques au re-
couvrement de la ſanté ſpirituelle, en la
perfection de laquelle nous nous ache-
minons. Heureux celui qui aime Dieu, &
ſon ami en Dieu, & ſon ennemi, pour l'a-
mour de Dieu! Pour certain Dieu ne
perd nul de ceux qu'il aime en Chriſt, ni
n'abandonne que celui qui l'a abandonne.   L'homme ſert & honore volontiers

ce

ce qu'il aime. Pource qu'entre toutes choses, il ne s'en trouve point de meilleure, ni de plus grande que Dieu, c'est raison qu'il soit aimé plus que toutes autres choses, & servi par dessus icelles. C'est un pur don de Dieu, d'aimer Dieu. Pour nous attraire à l'aimer, il nous en a fait la grace, nous aimant, quoi que nous lui fussions ennemis. Alors que nous lui desplaisions, il nous a aimez, afin qu'en nous se trouvast dequoi, qui nous rendist agreables. Car le Sainct Esprit du Pere & du Fils, lequel nous aimons avec le Pere & le Fils, a espandu sa charité en nos cœurs.

10.   Le Seigneur dit à ses disciples, (*Iean* 14. *v*. 21.) Qui m'aime, il sera aimé de mõ Pere, & je l'aimerai, & me declarerai à lui. Que veut dire cela? Entend-il que pour lors il n'aime pas, mais que ce soit pour l'avenir. la n'aviene. Seroit-il possible que le Pere nous aimast sans le fils, ou le fils sans le Pere ? Ceux qui operent ensemble aiment-ils à part l'un de l'autre ? Ces mots se rapportent aux suivans, Ie me declarerai, ou ferai conoistre à lui. Ie l'aimerai, & me declare-

rai,c’eſt à dire,ie monſtrerai que ie l’aime,en me faiſant conoiſtre à lui.　Car
auſſi conoiſſons-nous qu’il nous aime,a-
fin que nous croyions en lui,& gardiōs
ſes commandemens.Lors qu’il nous ré-
cueillira au ciel,il nous aimera iuſques-
là,que nous le verrons,& ceſte viſion
de ſa face glorieuſe ſera le loyer de noſtre foi.Or pource qu’en la vie preſente
nous l’aimons,croyans ce que nous verrons: en la vie eternelle nous verrons ce
que nous avõs creu en la preſente. Quiconque aime ſoi-meſme,non pas Dieu,
ne ſ’aime point:au cõtraire,celui ſ’aime
biẽ,qui ne ſ’aime point,mais aime Dieu.
Car celui qui ne peut vivre de ſoi meſme , meurt en ſ’aimant. Mais aimant
Dieu,lequel eſt ſa vie,il ſ’aime,ne ſ’aimant pas,pource qu’il ſe hait,afin d’aimer celui ſeul duquel, & par lequel il
vit,& lequel eſt ſa vie.L’amour de Dieu
& du prochain eſt la propre & ſpeciale
vertu des Chreſtiens eſleus à vie eter-
nèlle. Les autres vertus peuvent eſtre
communes aux bons & aux mauvais.
L’amitié ſainᵈe croiſt à meſure qu’on
la prattique,& ſ’enrichit tant plus qu’el-

le

le s'eſlargit & communique.

11. Comme l'avarice eſt proprement
appellee la racine de tous maux , ainſi
peut-on bien dire que la Charité, ou A-
mitié eſt la racine de tous biens: de Dieu
envers nous; de nous envers noſtre prochain. Celui qui aime Dieu, aime ſoi-
meſme, ainſi qu'il convient ; en ſuite, il
penſe à ſon prochain, procurant de tout
ſon pouvoir que ceux qu'il doit aimer
comme ſoi-meſme, ſoyent auſſi ſes freres , compagnons & imitateurs en l'a-
mour de Dieu. Ne devez rien à perſonne , ſinon que vous aimiez l'un l'autre;
(ce dit S. Paul, *Rom.* 13. *v.* 8. *&c.*) Car ce
qui eſt dit, Tu ne commettras point a-
dultere, Tu ne tueras point, Tu ne deſ-
roberas point , Tu ne diras point faux
teſmoignage, Tu ne convoiteras point:
& ſ'il y a quelque autre commandemét,
il eſt ſommairement compris en celui-
ci, Tu aimeras ton prochain comme toi-
meſme. La charité ne fait point de mal
au prochain : l'accompliſſement donc
de la Loi, c'eſt AIME. Ce n'eſt point par
crainte de ſupplice, mais par amour de
Iuſtice que la Loi ſ'accomplit : car en-

tant & selon que par l'esprit de grace Dieu nous aide, nous aimons Dieu, nous mesmes en Dieu, nos prochains pour l'amour de Dieu. Ce que l'homme prise & sert, il l'aime : or puis que Dieu est plus grand & meilleur que toutes choses, il le faut aimer, priser, & servir plus que toutes icelles ensemble.

12. La Loi & les Prophetes dependent de ces deux commandements, Tu aimeras le Seigneur ton Dieu , de tout ton cœur, & ton prochain comme toi-mesme. Nostre Sauveur dit à ses disciples, (*au 5. chap. de S. Matthieu, v. 17.*) Ne pensez point que ie soy' venu pour aneantir la Loi, ou les Prophetes : ie ne suis point venu pour les aneantir , ains pour les accomplir. Item *au 13. chap. de S. Iean, v. 34..* le vous donne un nouveau commandement que vous aimiez l'un l'autre L'inimitié fait vieillir les hommes, l'amitié les renouvelle. C'est une si excellente faveur de Dieu, que si vous l'aneantissez , les autres sont inutiles. Restablissez-là, les autres s'amassent autour d'elle. Il y a beaucoup d'hommes au monde, par consequent beaucoup
d'a-

d'ames, de cœurs, & de penſees. Mais,
quand toutes ces ames adherent à Dieu
par foi & charité, ce n'eſt plus de toutes
ces ames, cœurs & penſees qu'une penſee, un cœur, & une ame. Ainſi parle S.
Luc de l'Egliſe vraiment Chreſtienne
& Apoſtolique de Ieruſalem : *Act.2.1.
44.45.46. & au 4.32. & au 5.12.* Si la Charité de Dieu eſpandue en nos cœurs par
le S. Eſprit, qui nous a eſté donné, fait
de tant d'ames une ſeule ame, combien
plus certainement demeure l'unité e-
ternelle & immuable en Dieu le Pere,
le Fils, & le Sainct Eſprit, de ſorte qu'en
trois perſonnes nous croyions & reco-
noiſſions un Dieu, une lumiere, & un
principe?

13. Noſtre Seigneur dit à ſes diſci-
ples, *au 15. chap. de Sainct Iean, v. 9.* Comme le Pere m'a aimé, ainſi vous ai-ie aimez : demeurez en mon amour, Ceſte
ardente affection lui a fait prendre &
veſtir noſtre nature humaine, laquelle
il retiendra & gardera eternellement,
vrai Dieu & vrai homme, en une ſeule
perſonne. Par ce lien il ſ'eſt conioint à
ſon Egliſe, & nous adherons à Dieu par

charité, comme aussi à nos prochains, &
sommes tous faits un : de sorte que le
bien commun de tous les amis de Dieu
est fait particulier à chacun d'eux: dont
vient que si quelque don celeste nous
defaut , nous l'avons & possedons en
quelqu'un de nos prochains. Dieu des-
cend à nous, & nous montons à Dieu,
par l'escalier ou sentier d'amitié. Dieu
nous a tant & tellement aimez , qu'il
nous a donné & envoyé son fils bien-
aimé, qui est venu à nous, s'est fait homme, pour nous eslever, & vnir à soi, faisant que nous l'aimons, combien que ne
l'ayons point encor veu. Mais, il nous
souvient de sa priere , *au 17. ch. de Sainct
Iean*, où, entre autres mots, il dit, Pere,
ie ne prie point seulement pour les disciples que tu m'as donnez , mais aussi
pour ceux qui croiront en moi, par leur
parole : afin que nous soyons un : ainsi
que toi, Pere, és en moi, & moi en toi; a-
fin qu'eux aussi soyent un en nous. Toute ceste priere ne respire qu'incompre-
hensible amitié de Christ Dieu-hom-
me, envers les Chrestiens, & les effets
admirables en apparurent incontinent

apres.

apres. Là où l'amitié saincte defaut, il n'y faut pas cercher Dieu, lequel ne se trouve ailleurs qu'en severe Iustice.

14. Pauvre que ie suis! Combien devroi-ie aimer mon Dieu, lequel m'a creé quand ie n'estoy' rié, & m'a racheté lors que i'estoy' perdu. Qu'estoi-ie il y a cent ans? que suis-ie maintenant? Il n'a pas voulu que ie fusse un caillou, un arbre, un pigeon, un mouton, un poisson, un serpent, mais un homme, me donnant vie, sentiment, raison, discretion. Ie m'estoy'esgaré, vendu à mes pechez, qui me trainoyent en enfer: mon Sauveur accourut à moi, me secourut, me recourut, & racheta, voire d'amitié si grande, qu'il voulut mourir, afin que ie ne mourusse point, descendit aux enfers, ressuscita, monta és cieux, pour me garentir de damnation, me donner esperance & iouyssance de salut eternel, en corps & en ame es cieux. Il m'a imposé son nom, afin que i'eusse tousiours souvenance de lui, m'oignant de l'huile de ioye de son onction: si que ie m'appelle Chrestien, à cause de Christ. Vo la comme sa grace & sa misericorde m'ont

D

touſiours prevenu. Ce mien Sauveur m'a delivré d'une infinité de dangers, quand ie courois à l'eſgaree , il m'a ramené en ſa bergerie, enſeigné ſes voyes, cenſuré mes fautes , conſolé mon ame deſolee , fortifié mon cœur abbatu de deſeſpoir. Il m'a relevé, remis, & affermi en pieds, conduit, accompagné, ramené, recueilli. Tels & beaucoup d'autres teſmoignages de ſa miſericorde m'a monſtrez mon Sauveur & amiable bienfaiteur.

15. Ie pren ſingulier plaiſir à en parler treſſouvent; ie ne ceſſe d'y penſer, ie deſire l'en remercier inceſſamment, & le ſupplie qu'il me face la grace de l'aimer & magnifier eternellement , pour ſes graces immenſes envers moi, totalement indigne d'icelles. La raiſon eſt, combien qu'il preſide ſur tous les humains, leur aſſiſte, ſoit par tout, prouvoye aux neceſſitez de tous, tant en general, qu'en particulier ; Si puis-ie dire, que ie le voi ſi ſoigneux de me maintenir, que moyennant que ie demeure & me tienne ſur mes gardes , ie ſen que toutes autres choſes laiſſees, il regarde où ie ſuis,

ce

ce que ie pense & fai , paroissant tousiours à ma dextre, me disant, que veux-
tu? que te dit le cœur? Quelque part que
i'aille il me suit, & si ie ne le quitte, il ne
me quitte iamais. Il me costoye, & se
trouve par tout; ie l'y trouve aussi, voire
nous pouvons estre tousiours ensemble.
A quoi que ie m'applique , il se trouve
present, comme continuel inspecteur de
toutes mes pensees, intentions & actiós.
Considerant ces choses, ie tremble, ie
rougi de honte , voyant un tel maistre,
qui a tousiours les yeux sur moi, & void
au fin fond de mon cœur. Il y a beaucoup de choses en moi, qui me font chá-
ger de couleur en sa presence, & redou-
ter son indignation. Mais quelle reconoissance convenable pourroi ie lui faire, pour tant de biens qu'il m'a faits ? Ie
ne puis penser ni dire chose qui lui soit
plus agreable que ces mots-ci, Seigneur,
tu sçais que ie t'aime. A mon avis, ie n'ai
meilleur moyen que celui-la.

16　Le Chrestien sçait que la vraye
Amitié est appuyee sur ces deux colom-
nes, *Aime Dieu*, de tout ton cœur, & ton
prochain comme toi-mesme. L'Amour

de Dieu engendre celui du prochain,
& par l'amour du prochain, nous fom-
mes entretenus en l'amour de Dieu.
Car quiconque ne fe foucie d'aimer
Dieu, ne fçauroit aimer fon prochain;
au contraire, fi nous commençons à
croiftre en l'amour du prochain, plus
nous fentons d'avancement en l'amour
de Dieu, lequel ayant parlé de foi, fait
mention puis apres du prochain, pour
planter premierement l'amour de fa di-
gnité paternelle en nos cœurs, dót forte
en fuite l'amour du prochain, comme de
fa vraye tige, qui lui dóne vie. Et pource
que c'eft amour de Dieu, & du prochain, eft infeparable, Sainct Iean cen-
fure les faux Chreftiens qui imaginent
un divorce impoffible, difant, Celui qui
n'aime point fon frere lequel il void,
comment peut-il aimer Dieu, lequel il
ne void pas? 1. *Iean* 4. *v*. 20. Vrai eft que
la reverence que nous portons à Dieu
nous induit à l'aimer: mais peu à peu ce
refpect fe convertit en familiarité, pri-
vauté, hardieffe, confiance, cómmande-
ment & contefte; comme nous l'apre-
nons de Iefus Chrift noftre Seigneur, &

des

des vies de quelques siens bons amis,
qu'il qualifie d'un notable nom, quand
il dit *au chap.* 11. *de S. Matthieu, v.*12. que
les violents ravissent le Royaume des
cieux.

17. Maintesfois Dieu Tout-puissant, qui gouverne le monde & son Eglise par un ordre admirable, duquel
nous ne voyons que les bords, & fort
obscurément ; voulant nous faire conoistre combien peu nous avons esté
affectionnez tant envers lui qu'envers
nos prochains ; ou quel progrez nous
pouvons y avoir fait sous la conduite
de son esprit: afflige quelques uns de ses
domestiques, leur donne du pain de
douleurs,& les abreuve de larmes, mene les autres au long des eaux quoyes,
les repaist de delices, & comble leur
coupe. Par fois delaissant les siens, comme à la merci des meschans, il descouvre les maladies cachees es cœurs de la
pluspart. Bien souvent ceux qui nous
ont reverez en prosperité, nous persecutent en adversité. Mais ie demande
si c'est la personne du riche que l'on aime ? ou si c'est point plustost sa table

bien coifee, ou fa bourfe plaine? Les ad-
verfitez font pierres de touche, qui font
conoiftre les amis d'or & de cuivre. L'a-
mi ne peut eftre conu en profperité: l'é-
nemi fe defcouvre en l'adverfité. La fplé-
deur de noftre felicité temporelle ef-
blouït nos amis, qui fe contentent de
nous regarder de loin; mais l'énemi cui-
dant que nous foyons accablez fans ref-
fource, defcouvre furieufemét la malice
de fon cœur, & fe fait ioye de nos miferes.

18.　Nous avons befoin d'amis. C'eft
noftre plus neceffaire provifion: & c'eft
ce dont nous-nous foucions le moins.
Rien n'eft tant à craindre que d'eftre
convaincus en nous-mefmes de n'aimer Dieu, ni nos prochains. Noftre felicité confifte (ce nous femble) en richeffes, hauts eftats, plaifirs de la chair.
Efcoutons la leçon du S. Efprit *au v.* 17.
& 18. du 49. *Pfeaume.* Ne crain point, quãd
tu verras quelqu'un enrichi, & quand la
gloire de fa maifon fera multiplice. Car
quand il mourra il n'emportera rien : fa
gloire ne defcendra point avec lui. S'il a
des amis au monde, nul ne lui aide en la
foffe, ni en enfer. Ils le laiffent aller devant.

vant. Il faut trouver des amis ailleurs,
ou perir. Noſtre Seigneur les môſtre, diſant aux riches, *en S. Luc, ch. 16. v 9*. Faires-vous des amis des richeſſes iniques,
afin que quand vous defaudrez ils vous
reçoivent és tabernacles eternels. Les
mauvais riches deſdaignent les pauvres
amis. Au contraire, le bon & ſage Riche recommande les pauvres, & veut
que les riches ne ſoyent pas chiches
envers ceux qui les logeront, & rembourſeront au centuple, au beſoin, &
alors qu'il n'y aura plus de reſſource
en leurs affaires. Les mondains font
cas d'amis de table, d'habits, de vanitez, qui ſont faux amis : & ne peuvent
les diſcerner d'avec les vrais. Leur beſtiſe procede d'une folle preſomption
de ſageſſe, laquelle leur fait penſer
& dire iuſques à ce qu'ils n'en peuvent
plus, ie ſçai bien ce que ie fai. Qu'eſt
tout leur diſcours continuel ? Vne
cenſure audacieuſe de la ſageſſe de
Dieu.

19. Si quelquesfois le Seigneur
nous tirant l'oreille, demande,
N. M'aimes-tu plus que ne font

tels & tels, qui te font amis ? Lui avons-
nous fait en bonne foi la refponfe de
Sainct Pierre ? Oui vraiment, Seigneur,
tu fçais que ie t'aime. Et f'il nous donne
par fois du pain trempé en vinaigre, que
devons-nous dire ? Seigneur, tu fçais toutes chofes, & tu fçais que ie t'aime. C'eft
à nous de penfer aux penfees de nos a-
mes. Mais, fouvenons-nous de ce que S.
Paul en a efcrit iadis, *aux Romains, ch.* 8.
v. 33. &c. Ie ne penfe pas qu'aucun depuis ce temps-là ait tant aimé Iefus
Chrift, que ce fidele ferviteur. On di-
roit qu'il ne touche iamais terre, depuis
fa converfion, mais qu'il converfe con-
tinuellement avec les Saincts Anges,
toufiours debout devant le throne de la
maiefté Divine, d'où redefcendu en terre, il remonte toft apres vers fon Seigneur Souverain, pour lui rendre conte de fa Legation. Somme, l'on void fa
penfee embrafee de l'amour de Dieu,
tirer & eflever fon ame par deffus les
chofes fenfuelles, prefentes & vifibles,
aux fpirituelles, futures & invifibles.
Pour conoiftre quelque parcelle de fa
charité envers Dieu, regardez ceft ami

de

de Chrift, voyez-le perfecuté, fuyant, fouëtté, preffé de toutes fortes d'affli-ctions *Au ch. 11. de fa 2. aux Corinth.* parlant de quelques uns qui ne le conoiffoyent pas bien, il difoit, Ceux-la font-ils miniftres de Chrift? je le fuis par deffus, en travaux d'avantage, en battures par deffus eux, en prifons d'avantage, en morts fouventesfois. I'ai receu des Iuifs par cinq fois quarante coups moins un. Voyons ce qu'il adioufte és 4. ℣. fuivans.

20. I'ai efté batu de verges par trois fois, i'ai efté lapidé une fois, i'ai fait naufrage trois fois, i'ai paffé l'efpace d'un jour & d'une nuict entiere en la profonde mer: en voyages, en perils des fleuves, en perils des brigands, en perils de ma nation, en perils des Gentils, en perils en villes, en perils en defert, en perils en mer, en perils entre faux-freres: en peine & en travail, en veilles fouvent, en faim, & en foif, en jufnes fouvent, en froidure & nudité. Outre les chofes de dehors, il y a ce qui me tient affiegé de jour en jour, afçavoir le foin que i'ai de toutes les Eglifes. Parmi tant de fouffran-

E

ces , ce fidele ami de Chriſt patientoit
courageuſement, ſ'esjouiſſoit cordialement,s'eſgayoit ſainctement,& ſe glori-
fioit en humble devotion, procurant af-
fectueuſement le bien & le ſalut de tous,
comme ſa vie & ſes eſcrits le teſmoi-
gnent. Auſſi portoit-il en ſon cœur l'aſ-
ſeurance que ſes ſervices agreoyent à
ſon Seigneur. De là procedent ces hautes & ſainctes paroles *aux Philippiens, ch.*
2. v. 15. 16. 17. 18. Reluiſez comme flam-
beaux au monde, au milieu de la gene-
ration perverſe & tortue: afin que ie me
glorifie en la journee de Chriſt, que ie
n'ai point couru ni travaillé en vain.
Que ſi meſme ie ſers d'aſperſion ſur le
ſacrifice & ſervice de voſtre foi,i'en ſuis
joyeux, & m'en esjoui avec vous. Vous
auſſi ſoyez-en joyeux,& vo⁹en esjouiſſez
avec moi. En la 2. à Timothee,ſe ſentant
proche de la mort,il dit ſur la fin,de moi,
ie m'en vai eſtre mis pour aſperſion de
ſacrifice, & le temps de mon deſloge-
ment eſt prochain. I'ai combatu le bon
combat,j'ai parachevé la courſe,i'ai gar-
dé la foi. Quant au reſte,la couronne de
juſtice m'eſt reſervee , laquelle le Seigneur

gneur, juste Iuge me rendra en ceste journee-la:& non seulement à moi,mais aussi à ceux qui auront aimé son apparition.

21. Iacob servit Laban sept ans entiers, pour avoir à femme Rachel. Ce long terme lui fut court, ce dit l'histoire, *Genese* 29. *v.* 20. pource qu'il aimoit ceste fille-la. L'Apostre enflammé de l'amour de Christ, a supporté en toute allegresse les grandes charges qui le presserent pres de trente ans, durant lesquels il travailla par la grace de Dieu, qui l'accompagnoit plus que tous les autres Apostres. Que ce grand serviteur nous enseigne qu'elle doit estre l'amitié que les Chrestiens doivent porter à leur bon maistre & Seigneur Iesus Christ, lequel les aime tant, & qui leur dit tant de fois que s'ils l'aiment, & s'entr'aiment, à cela conoistra on qu'ils sont ses disciples, & fideles serviteurs. L'amitié entre les Chrestiens est fraternelle, car tous sont enfans de Dieu par Iesus Christ. Pourtāt leur fraternité les oblige à procurer tout bien les uns aux autres. Aussi s'estudient-ils à aimer Dieu de tout leur cœur, &

plus ils se souviennent de la dilection du Pere Celeste qui leur a donné son Fils unique à la mort, pour les sauver, tant plus aiment-ils ce bon Pere, & ce bon frere. De ceste amitié decoule l'autre procuree par le Sainct Esprit, lequel crie aux cœurs Chrestiens, Vous n'estes plus estrangers, ains combourgeois des Saincts, Citoyens de la Ierusalem celeste, domestiques & heritiers de Dieu, coheritiers de Iesus Christ, premier né entre vous tous. Puis que vous devez demeurer, habiter, vivre, regner par ensemble en la joye & gloire de vostre Seigneur & Sauveur eternellement, commencez ici bas de vous entr'aimer de sincere & ardente affection.

22. Quiconque aime Dieu ne mesprise point son prochain, ni ne prefere point ses richesses à l'amitié qu'il doit porter aux pauvres, lesquels lui sont tant & tant de fois recommandez. Au discours des Richesses & de la pauvreté nous avons marqué plusieurs Sentences & Exemples, qui se rapportent à ce propos. Retournons à une autre consideration. Tel y a qui aime, pource qu'il est

aimé

aimé de son prochain, reveré d'un autre,
ou enrichi par la liberalité de quelque
riche. Vous trouverez peu d'amitiez,
simplement fondees en la profession du
Christianisme. Presques tous sont amis
par considerations temporelles & ac-
commodemés de la vie presente. S. Paul
estoit d'autre advis , & n'aimoit personne que pour l'amour de Iesus Christ:
& quoi qu'il ne fust pas tant aimé des
autres Chrestiens, qu'il les aimoit, l'amitié se tenoit si profondement enracinee
en son cœur, qu'impossible fut de l'en
arracher. Les amitiez du temps present
regardent fort aux avantages du monde. Nous en ferons la preuve par la re-
cerche des causes de tant d'inimitiez
qui y regnent. Les amitiez mondaines
s'allient par causes transitoires, & mal
asseurees, au moyen dequoi elles durent
peu. Un mot mal couché, quelque perte
d'argent, l'envie, l'ambition, telle autre
passion rompra les chaines des plus puis-
santes amitiez du monde. La raison est,
qu'elles n'ont point de racine spirituel-
le : car si ainsi estoit nulle incommodité
terrienne ne pourroit les arracher, ni se-

parer totalement.

23. L'amitié fondee en Christ est ferme, stable, invincible: la calomnie, les dangers, la mort, nulles forces ni finesses humaines ne peuvent l'esbranler. Le Chrestien qui aime Chrestiennemét son prochain, ne peut en estre desjoinct par mesintelligence quelconque, ni ne cesse iamais de l'aimer. S. Paul nous en asseure, disant que la vraye amitié ne dechet iamais. 1. *Cor.* 13. 8. L'homme módain dira, i'ai fait plus d'honneur à tel qui se disoit mon ami, qu'il n'en meritoit; pour reconoissance, il m'a diffamé; ie le quitte. I'ai sauvé la vie à un autre, lequel maintenant procure ma mort. Que chascun face desormais ses affaires. Mais le Chrestien sçait ce que Christ lui commande, & ce que l'exéple d'icelui lui en aprend. Il ne deschire pas les amitiez, ni ne les rompt, mais les recould & renoüe. Comment cela? Le Chrestien se souvient des loyers que Christ son grand ami lui garde: item, que celui qui lui veut mal a bon besoin d'aide, qui le garentisse de damnation. Pourtant, son amitié n'a point pour objedt la noblesse de race, ni

la

la patrie terrienne, ni la commodité des
richeſſes, ni la reputation en la ſocieté
humaine: au contraire s'il eſt mal voulu,
meſpriſé, traitté cruellement, il ſe main-
tient en penſee amiable, pour l'amour
de Chriſt, ſeule cauſe de ſon affection.
Ainſi donc il demeure ferme, arreſté, te-
nant les yeux fichez ſur ce bien-aimé
Sauveur, lequel a aimé d'amour ſouverai-
ne, & à nous incomprehenſible, ceux qui
l'ont hai, bafoüé, calomnié, perſecuté:
brief, comme dit S. Paul, *Rom*. 5. 8. Dieu
recommande du tout ſon amitié envers
nous, en ce que lors que nous n'eſtions
que pecheurs, Chriſt eſt mort pour nous.

24. Le jugement de la verité ſalu-
taire, & de la vanité du monde, touchant les amitiez, ſe contrarie bien fort.
En peu de paroles, les amitiez du monde ſont ligues, ſocietez & aſſemblees de
gens reprouvez, pour faire guerre à pieté, juſtice & temperance. Au contraire,
les amitiez Chreſtiennes ſont mainte-
nues par la crainte de Dieu, par le deſir
d'une ſaincte concorde, par converſa-
tion honneſte, ſobre, & bien ſeante.
Rapportez cela aux feſtins, devis, recrea-

tions de ceux qui s'appellent amis, vous
verrez mieux les differences des amitiez. Les cœurs aimans Dieu ne prenent
gueres de plaisir à invectiver contre
ceux & celles, qui sous les tables & nap-
pes d'amitié, ont caché les cruautez
horribles, mentionnees és histoires an-
ciennes & modernes. En lieu de maudi-
re les pecheurs & pecheresses ; s'ils ne
font plus au monde, suffit de sçauoir que
Dieu sçait où ils sont. Quant aux vivans
en terre, souhaittons leur vraye science
& bonne conscience. Les mondains
font beaucoup de festins, esquels on
n'apporte point pour desserte en lieu de
tartres des testes d'hommes innocens, ni
coulpables; mais on y deschirera par horribles calomnies les membres de Iesus
Christ. Les uns se plaisent aux exces en
viandes & bruvages, les autres en spe-
ctacles pompeux, & en danses lascives,
les autres, en discours ridicules, sales, &
profanes, ou en jeux de cartes & de
dez, ou en entretiens particuliers, qui ne
tendent qu'à honte, & confusion. A
quoi bon tout cela? quelles familiaritez
& amitiez, dont l'esprit immonde est
l'entre-

l'entremetteur ? Tels amis ne coupent
pas les testes de leurs prochains voirement.

25.   Mais voyons s'ils ne font point
pis. Une baladine n'apportera pas en un
plat la teste d'un homme de bien, mais
elle demandera à Satan les ames qui la
regardent & convoitent. Qui a beu &
mangé plus qu'il ne convient, osera-il dire qu'au bruit des violons , & trepigne-
mens des personnes qui dansent, il n'ait
point esté porté à fols desirs, par les yeux
& par les oreilles ? Sans y bien penser
des membres de Christ il aura fait les
membres d'une paillarde. La fille d'He-
rodias est morte; mais le Prince de mort
danse en une peu pudique, & par elle tire les yeux qui la regardent à desirs impudiques, en leurs cœurs. Avez vous
oublié ce que defend la Loi divine en
ces mots, Tu ne convoiteras point ? *E-
xod.* 20. Ramentevez-vous ce que dit le
Seigneur, *au 5. ch. de S. Matthieu,* Quiconque regarde femme, pour la convoiter, il
a desja commis adultere avec elle, en son
cœur. Mais, posé le cas que puissiez sur-
monter tous ces excès-là, participez-

vous pas aux pechez de ceux qui les cõmettent en vos presences, sans en estre redarguez par vous? Quand les tables sont couvertes par quatre ou cinq sortes de services, viandes de haut goust, & delices de toutes sortes, qui pensez-vous qui fournisse aux frais de ce somptueux escot? Trois Dames, qu'õ appelle Finesse, Rapine & Violence. Si tout procede de bon acquis, l'exces y est, condamné par Amos, *au 6. ch. v.* 6. & par Esaïe, au 5. ch. v. 11. & 12. S'ils ne t'axent pas nommément l'avarice, ils censurent la volupté charnelle, & l'impieté qui despite les jugemens de Dieu sur sa pauvre Eglise.

26.　Quelle amitié trouvez-vous en ceux qui crevent de delices, tant au boire, qu'au manger: & qui sçavent bien que plusieurs membres de Christ, proches d'eux meurent de faim? Amis ennemis, vous mangez le bouilli, le rosti, pastez, gasteaux, marsepains, dragees, confitures seches & liquides, beuvez vins exquis, naturels & artificiels, tandis que vos pauvres amis languissent à vos portes, ou les fuyent, sçachans qu'il n'y a crouste ni miette de pain en vos maisons,

fons pour eux. Chers amis, prenez garde, que ne foyez de la bande marquee
par Salomon, *au ch.11.des Proverbes,v.26.*
Lifez-le & en faites le commentaire.
Que refpondrez-vous à voftre Iuge,
lors qu'il vous reprochera qu'il a eu faim
& foif, mais que vous ne lui avez rien
donné à manger, ni à boire ? *Matth.* 25.
42. Vous repofez à voftre aife jour &
nuict, mais Chrift, en plufieurs de fes
membres, vos amis, fi vous eftes Chre-
ftien, fur la dure, & à defcouvert. Pre-
fuppofons qu'au mefnage d'un riche n'y
ait rien à condamner, au regard des repas, meubles, devis, & exercices conve-
nables, tant en adverfité qu'en profperité: ie demanderai tousjours à ce riche,
quels amis il fait de fes richeffes? S'il aime beaucoup de bons Chreftiens, pour
leur faire du bien? & s'il affifte charita-
blement à Iefus Chrift, en quelques uns
de fes vrais membres, qui doivent eftre
fes meilleurs & bien-aimez amis ? Si
quelqu'un ordonné tuteur d'un orphe-
lin de pere & de mere fort riches, faifoit
grand chere, fe veftoit fomptueufement,
baftiffoit des palais, achetoit des che-

vances, & des meubles precieux du bien
de son pupille, duquel il se mocqueroit,
l'outrageant de paroles, le faisant lan-
guir de faim & de froid ; que diroit-on
de tel tuteur tueur ? Et que faut-il dire
de ceux qui n'ont rien à eux que de la
largesse de Christ, pour le soulagement
de ses membres, & qui les traittent en
ennemis?

27.   Les riches orgueilleux, dissolus,
avares, cruels, ne sçavent que c'est d'a-
mitié : non plus que ceux qui pensent
que des bouffons, poursuivans des re-
pcües franches, rapporteurs, flatteurs,
porte-pacquets, spadassins, sont à prefe-
rer aux amis vraiment Chrestiens. Ici ie
ramentevrai ce que Sainct Luc recite
au 7.ch. depuis le 36. v. jusques au 50. Le
Seigneur fait grace à une pauvre peche-
resse, & censure le superbe Pharisien, qui
mesconoissoit Christ, la femme, & soi-
mesme. Sur ceste histoire, Ie dirai aux riches, Pensez aux biens que Dieu fait à
vous, & aux vostres, afin que vous pen-
siez mieux à vos vrais amis. Cherissez-
les, ce sont membres de Christ. Ne les
desdaignez pas, quoi qu'ils soyent mal
veftus.

veſtus. Sçachez que Chriſt les accompagne. Les appellant importuns, faineans, & caimans, à qui parlez-vous? Ie vous prie, quel honneur & profit vous font ces maraux, qui mangent voſtre bié, en vous flattant, & affrontant? Quoi donc, ſerez-vous un veau d'or, & voſtre maiſon ne ſera-elle ouverte qu'à gens ridicules & infames, pour l'eſtat deſquels il faudroit ſouſpirer, les cenſurer, & envoyer au travail? Si le riche affectionné à la vertu peut faire honte au vicieux, & doucement l'attirer à quelque amendement de vie, puis en faire un bon ami, c'eſt acte de prudence & vraye bienvueillance Chreſtienne: mais prendre avec les desbauchez le chemin de perdition, merite le nom d'inimitié capitale & furieuſe. Il faut donc que l'Amitié entre les Chreſtiens ſoit accompagnee de prudence, de verité, de liberté, de modeſtie & vraye humilité devant Dieu.

28. Les maiſons des Riches ainſi gouvernees, ſont autant d'Egliſes, où l'eſprit immonde n'oſeroit entrer; attendu que Ieſus Chriſt y eſt avec pluſieurs legiõs de ſes Sainéts Anges. Si le riche veut

rendre vrais amis ceux qui le frequentent,& devenir meilleur avec eux, qu'il
donne ordre que l'on parle en sa table
de choses qui edifient la compagnie, laquelle ne doit s'esjouir qu'é Dieu,là present & assis au milieu des amis, qui me-
ritent le nom de conspirateurs,s'ils pro-
noncent paroles contre Dieu, & contre
son Eglise. Quel contentement est-ce à
des bons amis de pratiquer entr'eux les
preceptes du Seigneur & de ses grands
serviteurs, lesquels recommadent si soi-
gneusement l'ouïe, la lecture, les devis
& conferences de sa parole?Est-ce honneur,plaisir,ou profit à un Chrestien, de
quelque qualité qu'il soit, en lieu de
propos graves,& de quelque instruction,
de faire le mestier d'un boufon, ou d'un
profane, entre ceux qu'il appelle ses a-
mis? Lui sied-il mieux de tirer de sa po-
chette un jeu de cartes,ou une balle de
dez, que des Pseaumes, ou un nouveau
Testament ? C'est mal verser entre amis,
c'est les trahir, si on les appelle pour les
enyvrer, ou empoisonner, ou despouil-
ler.Et que font ceux qui par discours indignes corrompent les ames, & par fois

par

par les jeux de hazard defrobent les
uns aux autres ce qui ne leur appartient.
Inftruifez, fortifiez, refolvez vos amis,
parmi tant de tempeftes fifflâtes & fouf-
flantes à tant de reprifes au tour des o-
reilles non affopies ; vous aurez beaucoup fervi à vous mefmes, & aux amis
qui vous efcouteront.

29. Afranchiffez-vous pour un bon
coup. Comme un maiftre de mon-
noye & prudent changeur cizaille la
fauffe piece d'or, ou d'argent, qu'on lui
prefente, pource qu'elle n'eft pas de bon
aloi, mais n'en a que quelque apparen-
ce : ainfi ne tenez compte de gens con-
temptibles, tels que font les profanes &
mocqueurs, indignes de voftre bien-
vueillance. Proteftez avec David au
Pfeaume 139. *verf.* 31. 32. que vous haiffez
ceux qui haiffent Dieu, que vous eftes
defpité côtre ceux qui f'eflevent contre
lui : les haiffez d'une perfaite haine, & les
tenez pour vos ennemis. Les vrais Chreftiens foyent vos amis & affociez. Dieu
eft l'auteur de l'amitié, laquelle il n'a pas
ordonnee pour endommager les amis,
mais pour le profit & avancement en

bien de chascun d'iceux. Quant aux a-
mitiez flatteresses, mondaines & infames, ce sont inimitiez & conjurations
faites contre l'honneur de Dieu & le salut du prochain. Nous pouvons tirer
quelque bien du mal que la cautelle &
fureur de nos ennemis nous brasse: mais
les amis vicieux ne charrient chez nous
que mesdisances & nuisances. Ne faites
reserve d'amis dommageables, ni de
gens qui ne vous aiment, sinon tandis
que la broche tourne, & que vostre table est couverte à leur appetit. Faites
couvrir le feu, & lever la nappe, vos
mousches s'en vont. Mais les bons amis
sont ceux qui vous frequentent pour
respect de vertu. Si le vent de prosperité
se change en adversité pour cela ne vous
abandonneront-ils pas. Les faux amis
coustumierement se comportent comme ceux que David dépeint és Pseaumes 38. & 41.

30. Puis qu'au besoin l'on conoit
les amis, c'est merveilles que les Chrestiens, dignes d'estre aimez pour l'a-
mour de Christ, lequel les aime, & qu'ils
aiment & servent, en lieu d'estre aimez,
secou-

secourus & assistez de tous, speciale-
ment de ceux qui font profession de
croire en Dieu le Pere , le Fils , & le
Sainct Esprit , voire d'estre tref chrestiens ; en temps de persecution n'ont
point de plus grands ennemis que ceux
qui par droit de nature & de Religion
font obligez de les aimer. Mais cessons
de nous en esbahir , lisant ces mots de
Christ à ses disciples, *au* 10. *de S. Matthieu,*
v. 21. *& * 22. le frere, (dit-il) livrera son
frere à mort, & le pere l'enfant: les enfans s'esleueront contre leurs Peres &
meres, & les feront mettre à mort. Vous
ferez haïs de tous, à cause de mon nom:
mais qui soustiendra jusques à la fin, sera
sauvé. Si l'amitié defaut en nature, comment, & où la trouverez-vous hors de
nature ? Si vous voyez un frere si des-
naturé , que de procurer la mort de son
propre frere, souvenez-vous de Cain; &
de ce que Sainct Iean escrit à ce propos
au 3. *chap. de sa* 1. *Epistre, v.* 10. 11. 12. Par ce-
ci (dit-il) font manifestez les enfans de
Dieu & les enfans du diable: quiconque
ne fait point justice, & qui n'aime point
son frere, n'est point de Dieu. Car c'est

G

ici ce que vous avez ouy annoncer dés
le commencement (*Iean* 13. 34. *&* 15. 12.)
que nous aimions l'un l'autre; non point
comme Cain, lequel estoit du malin, &
tua son frere. Mais, pour quelle cause le
tua-il ? pource que ses œuvres estoyent
mauvaises, & celles de son frere estoyent
justes. *Voyez Gen.* 4. 8.

31.   Les freres & amis Chrestiens se
souviendront ici , que l'effort de Satan
est plus fort que la vigueur de Nature, &
apprendront à se recommander tant
plus affectueusement à la bien-vueillance du Pere Celeste , lequel leur commande tãt exprés de s'entr'aimer en Iesus Christ, qui les a tant aimez, que pour
les sauver il a esté faict malediction pour
eux. Toute amitié mondaine est decevante, pource qu'elle n'est pas estreinte
par le lien de la reverence Divine. Ne
vous fiez jamais aux promesses de Satan, ni de ses esclaves. Pourquoi ces mal-
heureux haïssent-ils si furieusement les
Chrestiens ? Pource qu'ils ne sont point
du monde. Mais ils ont de bons freres
& seurs amis au ciel. O l'heureux es-
change ! Qu'il fait bon estre mal voulu

de

de l'Antechrift, & de fes fuppofts, pour
eftre bien voulu de Chrift , & de tous
fes amis! Chrift protefte à tous ceux qu'il
aime , & lefquels l'aiment, qu'ils feront
haïs de tous hommes mondains pour l'a-
mour de fon nom, voire de leurs propres
peres , meres, & freres. Penfez un peu
combien eft horrible cefte fureur de Satan , qui peut amortir le feu de charité
naturelle és cœurs des peres & des enfans? Voila une fournaife infernale, qui
furmonte nature, la choque, deftruit, &
l'engloutit. Telle eft l'envie que Satan & les fiens portent à la gloire de
Chrift , & à la felicité des vrais Chreftiens, aufquels eft donné de perfeverer
en la profeffion de verité à falut , juf-
ques à la fin. Les amitiez mondaines
font ardentes au commencement, & fi-
niffent bien toft : les Chreftiennes font
perdurables.

32. Au commencement eft l'amitié:
la preuve en la fin. Nous ne pouvons dire en verité , que nous aimons Dieu , fi
nous ne continuons & perfeverons de
bien en mieux en cefte affection , pour
lui dire fouvent, Seigneur, tu fçais que ie

t'aime. Ceſte grace n'eſt communiquee
qu'à ceux que Dieu aime , & qui l'aiment , pour l'amour de lui. Toute amitié mondaine eſt corporelle & charnel-
le:elle finit en la mort:la celeſte eſt eternelle ; ainſi qu'eſt ſon autheur. Le cœur
Chreſtien fait bonne fin,ſçachant que la
gloire ne giſt pas au commencer, mais à
bien pourſuivre & finir. Ordinairement
les entrees de l'amitié ſont aiſees,agrea-
bles, & merveilleuſement douces: mais
la fin deſcouvre le bien que Dieu y a
mis. Rien ne fait bonne fin,que par une
ſinguliere grace du Seigneur. Quand
doncques il vous aura fait ceſt honneur
de vous declairer qu'il vous aime,& diſ-
poſé voſtre cœur à le conoiſtre, l'aimer,
le reverer & ſervir , ſelon ſa volonté ; ne
vous ramantevez le paſſé,ſi ce n'eſt pour
vous humilier tant plus:mais penſez à la
fin. Car la conſideration des biens re-
ceus,& que nous poſſedons dés quelque
temps,engendre en nos penſees un per-
nicieux ver de vaine gloire,lequel ne s'a-
mortit que par frayeur loüable de noſtre mort , comparoiſſance devant le
Throne Iudicial du Tout-puiſſant , fin

du

du monde, jugement dernier, gloire ou
ignominie eternelle. Somme, les amitiez
Chreſtiennes , pour avoir teſmoignage aſſeuré de leur difference d'avec les
hypocritiques , charnelles , & mondaines, doivent perſeverer, & nous joindre
à jamais avec noſtre Sauveur , pour dire
en terre quelque temps , puis inceſſamment & eternellement au ciel , A celui
qui nous a aimez,& nous a lavez de nos
pechez par ſon ſang, & nous a fait Rois
& Sacrificateurs, à Dieu ſon Pere , ſoit
gloire & force es ſiecles des ſiecles. A-
men.

Lettre de l'Autheur à PIERRE AVBERT.

VOVS deſirez quelque remplage
au livret de l'Amitié. Si ce que i'ai
ramaſſé pour vous agreer , ne contient
rien qui puiſſe offenſer nos amis , diſpo-
ſez-en comme de choſe voſtre. Ie vous
ramentoi donc,que les gens de bien aiment leurs ſemblables, & procurent du
bien à ceux qui ne s'y attendoyent pas.
C'eſt belle choſe à un ami d'aimer ſon

ami, de l'avertir sincerement, mais en douceur d'esprit. Un couple de bons amis est un thresor valant plus que tout le vaillant des avares. Ceux sont tresheureux & perfaits amis qui s'accordent, comme deux yeux font, à voir ce que Dieu fait, pour en deviser ensemble, & l'en glorifier. Plus les amis reverét leur Pere Celeste, moins redoutét-ils les mines, menaces & grimaces des ennemis de Dieu. Si les amitiez ne sont fondees que sur plaisirs & profits du monde, l'esprit de discorde les dissipe aisément. Au contraire rien de plus agreable ne sçauroit avenir au vrai Chrestien que d'aimer son semblable. Christ le grand ami des bons amis a institué l'ordre de Charité & amitié mutuelle entre ses disciples, & pour tesmoignage de ceste Celeste Societé a voulu qu'ils s'entr'appellassent freres, & les a nommé ses amis. Le Christianisme n'est presques autre chose qu'une grande confrairie de sainctes ames, qui ayans renoncé aux convoitises de la chair & des yeux, & à l'outrecuidance de la vie, s'accordent à n'aimer que Iesus Christ leur chef & seul Sauveur, source de pure amitié: pour l'amour duquel ces bônes ames s'entr'aident & s'entr'aiment cordialement. Nos plus beaux iours en la vie presente sont, d'avoir un fidele ami qui nous accourage à faire bien, à qui nous puissions seurement descouvrir nos contentemens & mescontétemés, qui nous marque nos defauts, qui nous tire arriere des allechemens mondains, qui nous console en adversité, qui modere nostre joye en prosperité: qui ait part en somme à nos douceurs & douleurs. I'ose dire que les vices & vicieux font un merveilleux proces à ceux qui n'aiment Dieu ni leurs prochains en sorte que ce soit: & crieroy' volontiers à leurs oreilles, Aimez Dieu autant que l'avaricieux aime ses richesses, le voluptueux ses desbauches infames; L'ambitieux ses hautes charges, grands honneurs, &c. L'amitié se peut appeller la Regente des mouvemens de l'ame, qu'elle tire tous à soi, & les range à son object. Mais l'amitié mondaine consistant en cómunication de voluptez charnelles, frivoles, & detestables, est indigne de ce nom. Disons que c'est une trape de l'esprit immonde, & la peste du genre humain. Plusieurs poëtes & autres profanes, anciés & modernes ont en

diverſes langues publié force meſchans &
vilains eſcrits, intitulez *Amours*. Ce ſont deſ-
couvertes de petulátes laſcives & infames
amitiez ennemies jurees du ſainct MAria-
ge. Ce que les hómes & fémes impudiques
prattiquent enſemble par devis, regards &
autres artifices ſent la meſche, la pouldre &
le feu d'éter. Le juge Souverain dit au 12.ch.
de S. Matthieu, y̌. 36. que les hommes ren-
drót conte au jour du jugemét de toute parole oiſeuſe qu'ils aurót proferee:adiouſtár
que chaſcũ ſera juſtifié, ou condamné par
ſes paroles. D'avantage, c'eſt-il lui-meſme
qui prononce ceſte ſentence. A quoi donc
penſent ceux & celles qui laſchent tant de
paroles oiſives, ridicules & abominables,
publiét leurs infametez, infeéét ciel & terre tát qu'é eux eſt, blaſphemét, deſpitét, re-
noncét le Seigneur qui les a rachetez, pour
ſe donner en proye à Satan. Ie priſe gráde-
demét les amitiez entre les hómes ſçavans
& ſages: car ie me perſuade qu'ils s'entre-
tienent de propos ſerieux touchant la charité, vocation & perfection Chreſtienne.
Ainſi faiſant, leur amitié devient precieuſe
& celeſte.